Manipuler • Observer • Apprendre

Une adaptation de la méthode de Singapour

CE2

CYCLE 2

Conforme aux Programmes 2018
et aux Repères de progression 2019



# les MATHS avec Léonie

# LIVRET DE JEUX


Coordination d'ouvrage : Laura Schall

**Mélanie Cueto**

Professeure des écoles, maître formateur à Paris

**Caroline Girardot**

Professeure certifiée de mathématiques, enseignante à Paris
et formatrice à l'INSPE de Paris

**Laura Schall**

Professeure certifiée de mathématiques, enseignante à Paris


bordas
éditeur

# SOMMAIRE

**Pour chaque jeu, l'organisation et des conseils de mise en œuvre pour le professeur sont donnés dans le *Guide pédagogique*.**

## Période 1



## Période 2




ISBN : 978-2-04-733721-9

## Période 3



## Période 4



## Période 5

## Jeu 1 ÉCRIS COMBIEN

- **Joueurs :** 2
- **Matériel :** barres de 10 et cubes unités ;
  cartes  et  ; ardoise 
- **Mise en place :** Étaler les cartes 10, 20, 30, 40, 50 et 60 faces visibles.
  Étaler les cartes de 1 à 9 faces visibles.
  Poser les barres et les cubes sur la table.

Nombres jusqu'à 69 Cahier 1 p. 10

1. Le **joueur A** représente une quantité avec des barres et des cubes.
2. Le **joueur B** choisit une carte dizaine et une carte unité correspondant à la quantité de cubes et écrit ce nombre en chiffres sur son ardoise.
3. Le **joueur A** vérifie si la réponse est correcte.

4. Le **joueur B** marque 1 point si le nombre est associé à la bonne quantité.
5. Recommencer trois fois avec une autre quantité en inversant les rôles. Celui qui a le plus de points remporte la partie.

## Jeu 2 ÉCRIS LE NOMBRE

■ **Joueurs** : 3 ■ **Matériel** : cartes 20 et 6 ; 2 ardoises 

■ **Mise en place** : Préparer :
- une pioche ① avec les cartes 10, 20, 30, 40, 50, 60, 70 et 80 ;
- une pioche ② avec les cartes de 1 à 9.

Nombres jusqu'à 99 Cahier 1 p. 12

**1** Le **joueur A** pioche une carte dizaine dans la pioche ① et une carte unité dans la pioche ②. Il met les cartes côte à côte pour former un nombre à 2 chiffres.

**2** Le **joueur B** et le **joueur C** écrivent ce nombre en lettres sur leur ardoise.

**3** Quand les deux joueurs ont fini, le **joueur A** vérifie la réponse et attribue 1 point si le nombre écrit est le bon.

**4** Recommencer en inversant les rôles jusqu'à ce que chaque joueur ait été arbitre deux fois. Celui qui a le plus grand nombre de points remporte la partie.

# Jeu 3 COMBIEN ÇA FAIT ?

- **Joueurs :** 3
- **Matériel :** plaques de 100 ■, barres de 10 ■ et cubes unités ■ ;
  cartes 100, 20 et 6 ; ardoise
- **Mise en place :** Placer les cubes, les 3 tas de cartes et l'ardoise au centre de la table.

Nombres jusqu'à 999 (1) Cahier 1 p. 17

1. Le **joueur A** est l'arbitre. Il choisit son matériel : ardoise, cartes ou cubes.
2. Il distribue le matériel restant au **joueur B** et au **joueur C**.

3. Le **joueur A** choisit un nombre à 3 chiffres. Il l'écrit sur l'ardoise ou il le représente avec le matériel choisi s'il a pris les cartes ou les cubes.
4. Le **joueur B** et le **joueur C** doivent représenter le même nombre avec leur matériel.

5. Quand ils ont fini, le **joueur A** vérifie les réponses. Il attribue 1 point pour chaque bonne réponse.
6. Recommencer en faisant tourner les rôles jusqu'à ce que chaque joueur ait été arbitre deux fois. Celui qui a le plus de points remporte la partie.

# Jeu 4 LES CENTAINES CACHÉES

- **Joueurs** : 3
- **Matériel** : 2 ardoises

Nombres jusqu'à 999 (2) Cahier 1 p. 20

1. Le **joueur A** est l'arbitre au premier tour.
2. Il annonce un nombre de dizaines entre 10 et 99 au hasard.
3. Le **joueur B** écrit sur l'ardoise le nombre en chiffres et le **joueur C** le décompose en centaines et dizaines.

4. Le **joueur A** vérifie que les autres joueurs ne se sont pas trompés. Chaque réponse juste rapporte 1 point.
5. Recommencer en inversant les rôles jusqu'à ce que chaque joueur ait été arbitre deux fois. Celui qui a le plus de points remporte la partie.

## Jeu 5 UN MAX DE POINTS !

- **Joueurs :** 3
- **Matériel :** réseaux de points à télécharger ; règles
- **Mise en place :** Télécharger les réseaux de points sur **maths-leonie.editions-bordas.fr**
  Les imprimer et les poser en pile sur la table.

Utilisation de la règle pour tracer Cahier 1 p. 23

1. Le **joueur A** arbitre la partie.
2. Le **joueur B** et le **joueur C** prennent chacun une feuille avec le même réseau de points. Ils doivent retrouver toutes les séries de points alignés en traçant des droites.
3. Le premier qui a fini dit « STOP ! ». Chaque joueur annonce le nombre de points alignés trouvés.

4. Le **joueur A** vérifie les réponses : il compte le nombre total de points alignés et vérifie que tous les points alignés ont été trouvés.
5. Chacun marque 1 point par point aligné. Si le joueur propose des points qui ne sont pas alignés, il ne marque aucun point.

6. Faire tourner les rôles pendant trois manches avec un nouveau réseau de points à chaque tour. En cas d'égalité, faire une 4e manche pour départager les joueurs. Le gagnant est celui qui a marqué le plus de points.

## Jeu 6 LES DÉS SONT JETÉS !

- **Joueurs :** 2
- **Matériel :** feuilles blanches ; 2 équerres ; 2 dés
- **Mise en place :** Mettre quelques feuilles blanches, les équerres et les dés à disposition des joueurs.

Utilisation de l'équerre Cahier 1 p. 26

1 Le **joueur A** et le **joueur B** prennent chacun une feuille blanche et placent dessus 2 points assez éloignés.

2 Le **joueur A** lance son dé. Puis le **joueur B** lance le sien.

3 Le plus grand nombre indique le nombre de segments de la ligne brisée qu'il faudra tracer pour relier les 2 points.
Le plus petit nombre indique le nombre d'angles droits qu'elle doit contenir.

**Remarque :** si on tombe deux fois sur le 1, on relance les dés.

4 Les deux joueurs tracent la ligne brisée sur leur feuille. Le premier qui a fini en respectant la consigne gagne la partie.

# Jeu 7 MOIT'-MOIT'

■ **Joueurs :** 3 ■ **Matériel :** fiche arbitre à télécharger ; 2 ardoises

■ **Mise en œuvre :** Télécharger la fiche arbitre sur **maths-leonie.editions-bordas.fr**
L'imprimer et la mettre à disposition des joueurs.

Doubles et moitiés Cahier 1 p. 29

**1** Le **joueur A** prend la fiche arbitre. Il choisit l'un des nombres qui figurent dessus, l'entoure et l'annonce aux autres joueurs.

**2** Le **joueur B** et le **joueur C** cherchent la moitié de ce nombre.

**3** Le premier qui écrit la bonne réponse sur son ardoise interrompt la partie et montre son ardoise.

**4** Le **joueur A** valide la réponse en la vérifiant sur la fiche arbitre. Il attribue 1 point si la réponse est correcte.

**5** Recommencer avec un autre nombre de la fiche en faisant tourner les rôles jusqu'à ce que tout le monde ait été arbitre deux fois. Celui qui a le plus de points remporte la partie.

## Jeu 8 RAPIDO-CALCUL

- **Joueurs :** 3
- **Matériel :** additions à télécharger ; 2 ardoises
- **Mise en place :** Télécharger les cartes additions sur **maths-leonie.editions-bordas.fr**
  Les imprimer, les découper et les poser sur la table.

Calcul en ligne : addition Cahier 1 p. 31

1. Le **joueur A** arbitre cette première partie. Il retourne une carte addition.
2. Le **joueur B** et le **joueur C** effectuent le calcul sur leur ardoise en choisissant la méthode la plus rapide.
3. Le premier qui a terminé interrompt la partie : il montre son calcul au **joueur A** en annoncant la méthode utilisée.
4. Le **joueur A** vérifie la réponse au dos de la carte et attribue 1 point si le calcul est bon.

5. Faire tourner les rôles et rejouer. La partie prend fin quand tout le monde a été arbitre une fois. Le joueur qui a le plus de points a gagné.

## Jeu 9 POSE ET CALCULE !

- **Joueurs :** 3
- **Matériel :** cartes 6 ; 2 ardoises
- **Mise en place :** Préparer une pioche avec les cartes de 1 à 9.
Poser les 2 ardoises sur la table.

Addition posée Cahier 1 p. 33

1. Le **joueur A** pioche 6 cartes et compose 3 nombres à 2 chiffres.
2. Le **joueur B** et le **joueur C** posent une addition de ces 3 nombres sur leur ardoise.
3. Le premier qui trouve le bon résultat marque 1 point.

4. Recommencer deux fois en faisant tourner les rôles. Celui qui a le plus de points a gagné.

## Jeu 10 LE COMPTE EST BON

- **Joueurs :** 2
- **Matériel :** pièces et billets
- **Mise en place :** Préparer :
  - une boîte ① avec 1 billet de 5 €, 1 pièce de 2 € et 3 pièces de 1 € ;
  - une boîte ② avec 12 pièces de 50 c, 10 pièces de 20 c, 10 pièces de 10 c, 20 pièces de 5 c, 10 pièces de 2 c, 10 pièces de 1 c.

Monnaie Cahier 1 p. 35

1. Le **joueur A** prend la boîte ① avec les euros.
2. Le **joueur B** prend la boîte ② avec les centimes.
3. Le **joueur A** rassemble une somme avec son argent et la pose à côté de sa boîte. Il demande au **joueur B** de lui faire la monnaie de cette somme avec des centimes.

suite

## Jeu 10 suite

4. Le **joueur A** recompte la somme donnée par le **joueur B** pour vérifier. Si le **joueur B** ne s'est pas trompé, il marque 1 point.
5. Remettre l'argent dans les boîtes et échanger les rôles. Au bout de 4 tours, celui qui a le plus de points gagne la partie.

## Jeu 11 DE 10 EN 1 000 !

- **Joueurs :** 2
- **Matériel :** 1 ardoise

Le nombre 1 000 : notion de millier Cahier 1 p. 37

1. Le **joueur A** choisit un nombre entre 900 et 910. Il l'écrit sur son ardoise.
2. Le **joueur B** part de ce nombre et compte de 10 en 10. Il s'arrête quand il arrive à 1 000 ou le plus près de 1 000, sans le dépasser.

3. S'il ne se trompe pas, il gagne 1 point.
4. Rejouer pendant trois tours en inversant les rôles à chaque fois. Celui qui a le plus de points a gagné.

## Jeu 12 PROBLÈMES CLASSÉS !

- **Joueurs :** 3
- **Matériel :** énoncés à télécharger ; un sac ou une boîte ; ardoise
- **Mise en place :** Télécharger les énoncés de problèmes sur **maths-leonie.editions-bordas.fr**
  Les imprimer, les découper et les mettre dans un sac ou une boîte.

Problèmes additifs Cahier 1 p. 39

1. Le **joueur A** tire un premier énoncé et le lit à haute voix.
2. Le **joueur B** dit s'il s'agit d'un problème à une ou à plusieurs étapes.
3. Le **joueur C** est l'arbitre : il valide ou corrige la réponse puis place le problème à sa droite s'il n'y a qu'une seule étape ou à sa gauche s'il y en a plusieurs.

4. Le **joueur B** tire l'énoncé suivant et le lit à voix haute.
5. Le **joueur A** dit s'il s'agit d'un problème à une ou à plusieurs étapes.
6. Le **joueur C** valide ou corrige et range le problème dans la bonne pile.
7. Quand tous les énoncés ont été lus et classés, le **joueur C** tire un problème à une étape.
8. Le **joueur A** et le **joueur B** doivent le résoudre.

9. Le premier qui trouve la réponse remporte la partie.

## Jeu 13 COMBIEN ÇA FAIT ?

- **Joueurs :** 3
- **Matériel :** cubes de 1 000 ; plaques de 100 ; barres de 10 et cubes unités ;
  cartes 1000, 100, 20 et 6 ; ardoise 
- **Mise en place :** Poser les cubes et l'ardoise au centre de la table.
  Mettre à disposition des élèves les cartes unités, les cartes dizaines, les cartes centaines et les cartes 1 000, 2 000, 3 000 et 4 000.

Nombres jusqu'à 4 999 Cahier 1 p. 45

**1** Le **joueur A** est l'arbitre. Il prend les cartes.

**2** Il distribue le matériel restant au **joueur B** et au **joueur C**.

**3** Le **joueur A** retourne une carte de chaque tas pour former un nombre à 4 chiffres.

**4** Le **joueur B** écrit ce nombre en chiffres sur l'ardoise. Le **joueur C** représente le même nombre avec les cubes.

**5** Quand ils ont fini, le **joueur A** vérifie les réponses. Il attribue 1 point pour chaque bonne réponse.

**6** Recommencer en faisant tourner les rôles. La partie s'arrête quand chaque joueur a été arbitre deux fois. Le joueur qui a le plus de points remporte la partie.

## Jeu 14 QUEL EST CE NOMBRE ?

■ **Joueurs :** 3 ■ **Matériel :** cartes 1000, 100, 20 et 6 ; ardoise

■ **Mise en place :** Préparer :
- une pioche ① avec les cartes 1 000, 2 000, 3 000, 4 000, 5 000 et 6 000 ;
- une pioche ② avec les cartes de 100 à 900 ;
- une pioche ③ avec les cartes de 10 à 90 ;
- une pioche ④ avec les cartes de 0 à 9.

Nombres jusqu'à 6 999 Cahier 1 p. 47

1 Le **joueur A** pioche une carte dans chaque paquet et les pose retournées devant lui.

2 Le **joueur B** doit écrire le nombre en chiffres sur l'ardoise et le **joueur C** doit le lire.

3 Le **joueur A** vérifie les réponses et attribue 1 point si elles sont justes.

4 Recommencer en faisant tourner les rôles jusqu'à ce que chaque joueur ait pioché, écrit en chiffres et dit un nombre au moins deux fois. Celui qui a le plus de points remporte la partie.

## Jeu 15 JEU DU SANDWICH

■ **Joueurs :** 3 ■ **Matériel :** 3 ardoises

Comparaison des nombres jusqu'à 6 999 Cahier 1 p. 50

1 Le **joueur A**, le **joueur B** et le **joueur C** écrivent chacun un nombre à 4 chiffres inférieur à 6 999 sur leur ardoise, en prenant soin de le cacher aux autres.

2 Ils retournent leur ardoise en même temps pour montrer le nombre écrit aux autres joueurs.

**Remarque :** si des joueurs ont choisi le même nombre, recommencer à l'étape 1 en choisissant trois nouveaux nombres.

suite

## Jeu 15 suite

3 Les trois joueurs cherchent le nombre qui est compris entre les deux autres.

4 Le premier joueur qui répond correctement gagne 1 point.

5 Effacer et rejouer. Le premier qui a 5 points gagne la partie.

## Jeu 16 RAPIDO-MASSES !

- **Joueurs :** 3
- **Matériel :** cartes objets et cartes masses à télécharger
- **Mise en place :** Télécharger les cartes objets et les cartes masses sur maths-leonie.editions-bordas.fr
  Étaler les cartes masses faces visibles sur la table et préparer une pioche avec les cartes objets.

Masses Cahier 1 p. 54

1 Le **joueur A** pioche une carte objet et la montre à ses camarades.

2 Le **joueur B** et le **joueur C** doivent trouver la carte masse qui lui correspond.

3 Le premier qui trouve la bonne carte la garde.

4 Faire tourner les rôles. La partie s'arrête quand il n'y a plus de cartes. Celui qui a le plus de cartes remporte la partie.

## Jeu 17 RAPIDO-CALCUL

- **Joueurs :** 2 ■ **Matériel :** soustractions à télécharger ; ardoise
- **Mise en place :** Télécharger les soustractions sur **maths-leonie.editions-bordas.fr**
Les imprimer, les découper et les poser sur la table.

Calcul en ligne : soustraction Cahier 1 p. 57

1. Le **joueur A** retourne une carte soustraction.
2. Le **joueur B** effectue le calcul sur son ardoise en choisissant la méthode la plus rapide.
3. Le **joueur A** vérifie la réponse au dos de la carte et attribue 1 point si le calcul est bon.

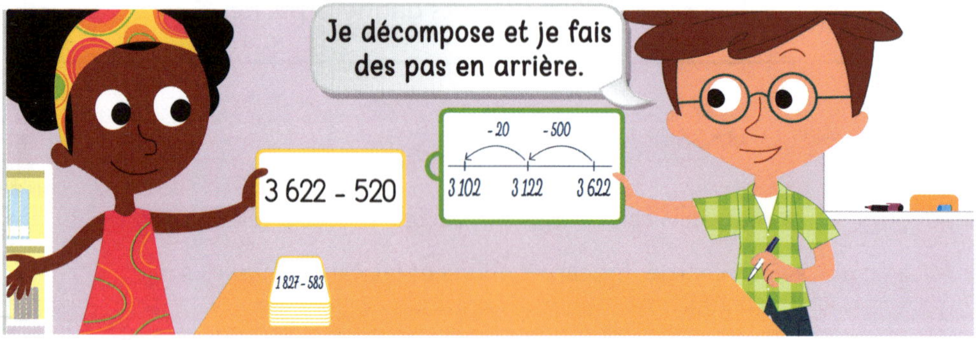


4. Faire tourner les rôles et rejouer. La partie prend fin quand les dix soustractions ont été effectuées. Le joueur qui a le plus de points gagne la partie.

## Jeu 18 POSE ET CALCULE !

- **Joueurs :** 3 ■ **Matériel :** cartes 6 ; 2 ardoises
- **Mise en place :** Préparer une pioche avec les cartes de 0 à 9 (en plusieurs exemplaires).
Donner une ardoise à chaque joueur.

Soustraction posée Cahier 1 p. 60

1. Le **joueur A** pioche 7 cartes et compose un nombre à 4 chiffres inférieur à 5 000, et un nombre à 3 chiffres.
2. Le **joueur B** et le **joueur C** posent et effectuent la soustraction de ces deux nombres sur leur ardoise.

suite

## Jeu 18 suite

3 Le premier qui trouve le bon résultat marque 1 point.

4 Recommencer deux fois en faisant tourner les rôles. Celui qui a le plus de points a gagné.

## Jeu 19 PREM'S !

- **Joueurs :** 3
- **Matériel :** ardoises

Nombres et positions dans une file Cahier 1 p. 63

1 Le **joueur A** choisit un nombre compris entre 100 et 6 999 et invente un problème dans lequel ce nombre indique une position.

2 Le **joueur B** et le **joueur C** cherchent la réponse sur leur ardoise.

3 Le premier qui trouve la réponse retourne son ardoise pour montrer le résultat au **joueur A**.

4 Le **joueur A** vérifie la réponse et attribue 1 point si elle est bonne.

5 Rejouer deux fois en faisant tourner les rôles. Celui qui a le plus de points a gagné la partie.

## Jeu 20 PARCOURS CODÉ

- **Joueurs :** 3 ■ **Matériel :** plan à télécharger ; ardoise
- **Mise en place :** Télécharger le plan sur **maths-leonie.editions-bordas.fr**
L'imprimer en grand et le poser sur la table.

Repères pour se situer et se déplacer Cahier 1 p. 65

1. Le **joueur A** est l'arbitre. Le **joueur B** donne un point de départ et 3 instructions qu'il doit écrire sur l'ardoise.
2. Le **joueur C** doit suivre le trajet sur le plan et indiquer le point d'arrivée.
3. Le **joueur A** vérifie.

4. Si c'est juste, le **joueur B** et le **joueur C** marquent 1 point chacun. Si le **joueur B** donne des instructions fausses ou qui ne correspondent pas au plan, seul le **joueur C** marque 1 point. Si le **joueur C** suit les mauvaises directions, seul le **joueur B** marque 1 point.
5. Rejouer deux fois en faisant tourner les rôles. Celui qui a le plus de points a gagné la partie.

## Jeu 21 OÙ VA TA VOITURE ?

- **Joueurs :** 3 ■ **Matériel :** quadrillage à télécharger ; petite voiture ; jetons
- **Mise en place :** Télécharger les grilles sur **maths-leonie.editions-bordas.fr**
Les imprimer, indiquer une case départ et les mettre sur la table.

Codage d'un déplacement Cahier 1 p. 67

1. Le **joueur A** arbitre la partie. Il place un jeton vert et un jeton rouge sur le quadrillage et déplace sa voiture à partir du point de départ noté D sur le quadrillage jusqu'au jeton rouge, en passant par le jeton vert.

suite

## Jeu 21 suite

**2** Le **joueur B** et le **joueur C** doivent écrire le déplacement de la voiture avec des flèches sur leur ardoise (ils peuvent utiliser la voiture pour s'aider).

**3** Le **joueur A** vérifie leur réponse et accorde 1 point au premier joueur qui a bien codé le déplacement.

**4** Chaque joueur arbitre une fois. Celui qui a le plus de points gagne la partie.

## Jeu 22 TAC AUX TABLES !

- **Joueurs :** 3
- **Matériel :** cartes 6 ; 2 ardoises
- **Mise en place :** Préparer une pioche ① avec les cartes de 0 à 10.
  Préparer une pioche ② avec les cartes 2, 3, 4, 5 et 10.

Tables de multiplication Cahier 1 p. 71

**1** Le **joueur A** arbitre cette première partie. Il prend une carte dans chaque pioche.

**2** Le **joueur B** et le **joueur C** notent sur l'ardoise le résultat de la multiplication des deux nombres. Le premier qui répond correctement marque 1 point.

**3** Recommencer en faisant tourner les rôles. La partie s'arrête quand tout le monde a été arbitre deux fois. Celui qui a le plus de points gagne la partie.

# Jeu 23 INVENTE LE PROBLÈME !

- **Joueurs :** 3
- **Matériel :** schémas et fiche réponse à télécharger ; ardoise

- **Mise en place :** Télécharger les schémas sur maths-leonie.editions-bordas.fr
  Les imprimer, les découper et les mettre dans un sac.
  Mettre la fiche réponse à la disposition de l'arbitre.

Problèmes multiplicatifs à une étape Cahier 1 p. 73

1. Le **joueur A** est l'arbitre.
2. Le **joueur B** pioche un schéma dans le tas et invente un problème en s'inspirant des informations données sur le schéma.
3. Le **joueur C** résout le problème. Il peut utiliser son ardoise.

4. Le **joueur A** vérifie sur la fiche réponse que le problème donné par le **joueur B** correspond au schéma et que le **joueur C** a donné la bonne réponse.

5. Si c'est juste le **joueur B** et le **joueur C** marquent 1 point.
6. Faire tourner les rôles jusqu'à ce que tout le monde ait été arbitre. Celui qui a le plus de points remporte la partie.

## Jeu 24 DIX ET CENT FOIS PLUS !

■ **Joueurs :** 3 ■ **Matériel :** cartes 20 et 6 ; 2 ardoises

■ **Mise en place :** Préparer :
- une pioche ① avec les cartes de 1 à 9 ;
- une pioche ② avec les cartes 10, 20, 30, 40, 50, 60, 70, 80 et 90.

**Multiplication par 10 et par 100** Cahier 1 p. 75

**1** Le **joueur A** arbitre cette première partie. Il retourne la première carte de chaque pioche. Il obtient un nombre à 2 chiffres et l'annonce aux autres joueurs.

**2** Le **joueur B** multiplie ce nombre par 10, le **joueur C** le multiplie par 100. Ils écrivent le résultat sur leur ardoise.

**3** Les deux joueurs retournent leur ardoise et la montrent au **joueur A** qui vérifie les réponses.

**4** Le **joueur A** attribue 1 point par réponse juste.

**5** Recommencer en faisant tourner les rôles. La partie s'arrête quand tout le monde a été arbitre deux fois. Celui qui a le plus de points gagne la partie.

## Jeu 25 ÉTAPE PAR ÉTAPE

- **Joueurs :** 3
- **Matériel :** sac contenant des énoncés de problèmes
- **Mise en place :** Télécharger les énoncés sur maths-leonie.editions-bordas.fr
  Les imprimer, les plier et les mettre dans un sac opaque.

Problèmes à étapes Cahier 1 p. 76

1 Le **joueur A** arbitre cette première partie. Il prend un énoncé dans le sac et le lit. Il passe l'énoncé au **joueur B**.

2 Le **joueur B** écrit l'opération et la réponse de la première étape sous l'énoncé.

3 Le **joueur B** passe la feuille au **joueur C**, qui écrit l'opération et la réponse de la deuxième étape.

4 Le **joueur C** repasse la feuille au **joueur A** qui vérifie et valide la réponse.

5 Si la réponse est juste, le **joueur B** et le **joueur C** marquent 1 point. S'ils se sont trompés, ils ne marquent pas de point.

6 Recommencer en faisant tourner les rôles pour que chaque joueur soit arbitre une fois. Celui qui a le plus de points gagne la partie.

## Jeu 26 LES MILLIERS CACHÉS

- **Joueurs** : 3
- **Matériel** : cartes 1000 ; 3 ardoises
- **Mise en place** : Préparer une pioche avec les cartes de 1 000 à 9 000.

Nombres jusqu'à 9 999 Cahier 2 p. 6

1. Le **joueur A** est l'arbitre. Il pioche une carte et la retourne puis donne le top départ.
2. Chaque joueur prend son ardoise et doit écrire combien il y a :
   - de milliers dans le nombre pour le **joueur A**,
   - de centaines dans le nombre pour le **joueur B**,
   - de dizaines dans le nombre pour le **joueur C**.
3. Le **joueur A** accorde 1 point pour chaque réponse juste.

4. Remettre la carte dans la pioche.
5. Faire tourner les rôles jusqu'à ce que chaque joueur ait été arbitre deux fois. Celui qui a le plus de points gagne la partie.

## Jeu 27 DE PLUS EN PLUS ET DE MOINS EN MOINS

- **Joueurs :** 3
- **Matériel :** cartes 1000, 100, 20 et 6
- **Mise en place :** Préparer :
  - une pioche ① avec les cartes 1 000, 2 000, 3 000, 4 000, 5 000, 6 000, 7 000 et 8 000 ;
  - une pioche ② avec les cartes de 100 à 900 ;
  - une pioche ③ avec les cartes de 10 à 90 ;
  - une pioche ④ avec les cartes de 0 à 9.

Suites de nombres jusqu'à 9 999 Cahier 2 p. 9

1. Le **joueur A** est l'arbitre. Il tire une carte dans chaque pioche et annonce le nombre obtenu.
2. Le **joueur B** doit dire successivement quel nombre on obtient si on ajoute 1, 10, 100 et 1 000 au nombre proposé par le **joueur A**.

3. C'est ensuite au tour du **joueur C** de dire successivement quel nombre on obtient si on retire 1, 10, 100 et 1 000 au nombre de départ.

4. Le **joueur A** valide les réponses et attribue 1 point par bonne réponse.
5. Remettre les cartes piochées dans les tas et recommencer en faisant tourner les rôles. La partie se termine quand chaque joueur a été arbitre deux fois. Celui qui a le plus de points gagne la partie.

## Jeu 28 DEUX BANDES, DEUX MESURES !

- **Joueurs :** 3
- **Matériel :** bandelettes à télécharger sur maths-leonie.editions-bordas.fr ; 2 règles graduées 
- **Mise en place :** Télécharger et imprimer les feuilles avec les bandelettes. Donner une règle à chaque joueur.

Utilisation de la règle graduée pour mesurer Cahier 2 p. 11

1. Le **joueur A** et le **joueur B** prennent chacun une feuille avec les mêmes bandelettes à mesurer. Le **joueur C** arbitre la partie.
2. Chaque joueur mesure la première bandelette de la feuille avec sa règle.
3. Le **joueur A** écrit la longueur en dm, cm et mm.
   Le **joueur B** écrit la longueur en cm et mm.

4. Le **joueur C** vérifie la réponse et attribue 1 point à chaque réponse juste.
5. Faire tourner les rôles pour que tout le monde soit arbitre une fois. La partie s'arrête quand toutes les bandelettes de la feuille ont été mesurées. Le joueur qui a le plus de points remporte la partie.

## Jeu 29 TOP CERCLES !

- **Joueurs :** 3
- **Matériel :** feuilles blanches  ; 2 règles graduées 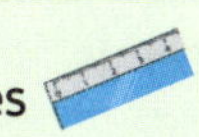 ; 2 compas  ; dé 
- **Mise en place :** Poser le matériel sur la table.

Utilisation du compas Cahier 2 p. 15

1. Chaque joueur prend une feuille, une règle graduée et un compas, sauf le **joueur A** qui est l'arbitre.
2. Le **joueur A** lance le dé pour obtenir un nombre entre 2 et 6.

suite

## Jeu 29 suite

**3** Il donne le 1er top : le **joueur B** et le **joueur C** tracent un segment de la longueur en centimètres indiquée par le dé.

**4** Au 2e top, le **joueur A** demande aux joueurs de placer le centre de leur cercle n'importe où sur leur feuille.

**5** Au 3e top, il leur demande de prendre l'écartement du compas sur le segment et de tracer un cercle.

**6** Au 4e top, il demande aux joueurs de tracer un diamètre du cercle.

**7** Quand tout le monde a fini, le **joueur A** vérifie la longueur des diamètres de chaque cercle et donne 2 points à ceux qui ont tracé un cercle complet à la dimension demandée, 1 point si le cercle est imprécis et 0 point à ceux qui n'ont pas réussi.

**8** Recommencer en faisant tourner les rôles pour que chaque joueur soit arbitre une fois. Celui qui a le plus de points gagne la partie.

## Jeu 30 À L'ENVERS !

■ **Joueurs :** 3 ■ **Matériel :** table de Pythagore à télécharger sur **maths-leonie.editions-bordas.fr**

Table de Pythagore Cahier 2 p. 17

**1** Le **joueur A** est l'arbitre. Il choisit un nombre de la table de Pythagore.

**2** Le **joueur B** et le **joueur C** doivent trouver une multiplication qui donne ce résultat, en s'aidant de la table si nécessaire.

| × | 1 | 2 | 3 | 4 | 5 | 6 | 7 | 8 | 9 | 10 |
|---|---|---|---|---|---|---|---|---|---|---|
| 1 | 1 | 2 | 3 | 4 | 5 | 6 | 7 | 8 | 9 | 10 |
| 2 | 2 | 4 | 6 | 8 | 10 | 12 | 14 | 16 | 18 | 20 |
| 3 | 3 | 6 | 9 | 12 | 15 | 18 | 21 | 24 | 27 | 30 |
| 4 | 4 | 8 | 12 | 16 | 20 | 24 | 28 | 32 | 36 | 40 |
| 5 | 5 | 10 | 15 | 20 | 25 | 30 | 35 | 40 | 45 | 50 |
| 6 | 6 | 12 | 18 | 24 | 30 | 36 | 42 | 48 | 54 | 60 |
| 7 | 7 | 14 | 21 | 28 | 35 | 42 | 49 | 56 | 63 | 70 |
| 8 | 8 | 16 | 24 | 32 | 40 | 48 | 56 | 64 | 72 | 80 |
| 9 | 9 | 18 | 27 | 36 | 45 | 54 | 63 | 72 | 81 | 90 |
| 10 | 10 | 20 | 30 | 40 | 50 | 60 | 70 | 80 | 90 | 100 |

**3** Le premier joueur qui trouve une multiplication donnant le bon résultat marque 1 point.

**4** Recommencer en faisant tourner les rôles. La partie s'arrête quand tout le monde a été arbitre deux fois. Celui qui a le plus de points gagne la partie.

## Jeu 31 6 OU 7 FOIS PLUS !

■ **Joueurs :** 3 ■ **Matériel :** cartes 6 ; 2 ardoises 

■ **Mise en place :** Préparer une pioche avec les cartes de 1 à 10.

Tables de multiplication par 6 et par 7 Cahier 2 p. 19

**1** Le **joueur A** arbitre cette première partie. Il pioche une carte et la montre aux autres joueurs.

**2** Le **joueur B** et le **joueur C** doivent multiplier ce nombre par 6 et par 7 le plus vite possible sur leur ardoise.

suite

Jeu 31 suite

**3** Le premier qui a terminé interrompt la partie en montrant son ardoise au **joueur A** qui vérifie et attribue 1 point par bonne réponse.

**4** Recommencer en faisant tourner les rôles. La partie s'arrête quand tout le monde a été arbitre deux fois. Celui qui a le plus de points gagne la partie.

## Jeu 32 8 OU 9 FOIS PLUS !

- **Joueurs :** 3
- **Matériel :** cartes 6 ; 2 ardoises
- **Mise en place :** Préparer une pioche avec les cartes de 1 à 10.

Tables de multiplication par 8 et par 9 Cahier 2 p. 21

**1** Le **joueur A** arbitre cette première partie. Il pioche une carte et la montre aux autres joueurs.

**2** Le **joueur B** et le **joueur C** doivent multiplier ce nombre par 8 et par 9 le plus vite possible sur leur ardoise.

**2** Le premier qui a terminé interrompt la partie en montrant son ardoise au **joueur A**, qui vérifie et attribue 1 point par bonne réponse.

**4** Recommencer en faisant tourner les rôles. La partie s'arrête quand tout le monde a été arbitre deux fois. Celui qui a le plus de points gagne la partie.

## Jeu 33 CHANGE L'UNITÉ !

■ **Joueurs :** 2 ■ **Matériel :** dé  ; ardoise .

Mesures de longueurs **Cahier 2 p. 23**

**1** Le **joueur A** lance le dé et choisit si le nombre obtenu est une longueur en mètre ou en décimètre.

**2** Le **joueur B** doit écrire cette longueur en centimètre et millimètre sur son ardoise. Il marque 1 point par bonne réponse.

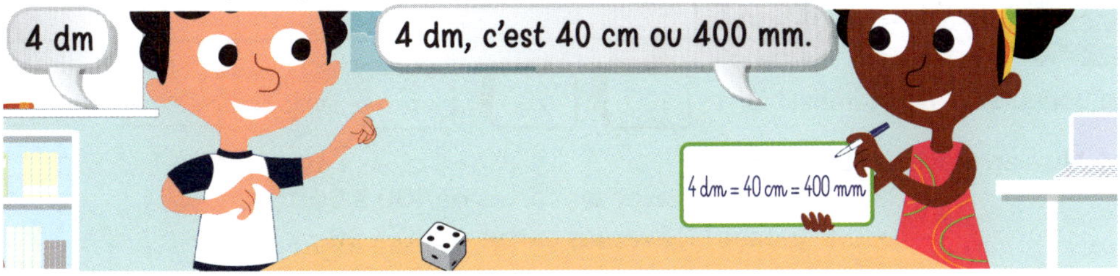


**3** Recommencer trois fois en faisant tourner les rôles. Celui qui a le plus de points gagne la partie.

## Jeu 34 MULTIPLIE EN LIGNE !

■ **Joueurs :** 2 ■ **Matériel :** cartes  ; ardoise  ; calculatrice 

■ **Mise en place :** Préparer une pioche avec les cartes de 1 à 9.

Calcul en ligne : multiplier en décomposant **Cahier 2 p. 24**

**1** Le **joueur A** pioche 4 cartes unités. Avec 3 cartes, il compose un nombre à 3 chiffres.

**2** Il donne la 4$^{e}$ carte au **joueur B** qui doit multiplier sur son ardoise le nombre à 3 chiffres par le nombre indiqué sur la 4$^{e}$ carte.

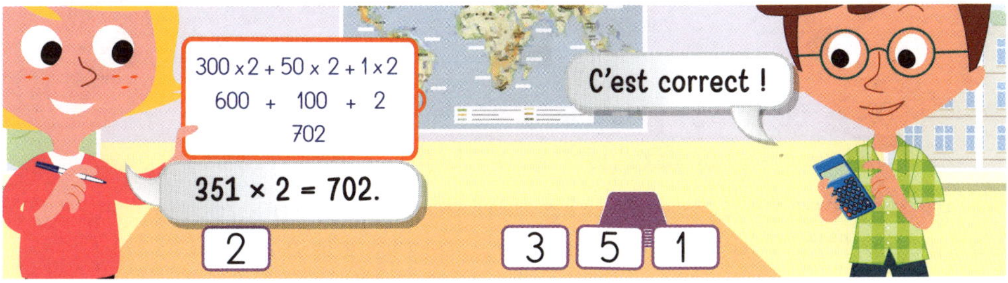


suite

## Jeu 34 suite

**3** Le **joueur A** vérifie le résultat avec la calculatrice. Si la réponse du **joueur B** est correcte, il marque 1 point.

**4** Remettre les cartes dans la pioche et recommencer quatre fois en faisant tourner les rôles. Celui qui a le plus de points gagne la partie.

## Jeu 35 POSE ET CALCULE !

- **Joueurs :** 3
- **Matériel :** cartes 100, 20, 6 ; ardoises ; dé
- **Mise en place :** Préparer :
  - une pioche ① avec les cartes de 100 à 900 ;
  - une pioche ② avec les cartes de 10 à 90 ;
  - une pioche ③ avec les cartes de 0 à 9.

Multiplication posée (1) Cahier 2 p. 28

**1** Le **joueur A** est l'arbitre. Il pioche une carte dans chaque tas et annonce le nombre obtenu. Puis il lance le dé.

**2** Le **joueur B** et le **joueur C** posent sur leur ardoise la multiplication du nombre à 3 chiffres par le nombre indiqué par le dé. Le premier qui a fini montre son ardoise. Le **joueur A** vérifie à la calculatrice et attribue 1 point si la réponse est juste.

**3** Recommencer en faisant tourner les rôles pour que chaque joueur soit arbitre deux fois. Celui qui a le plus de points gagne la partie.

## Jeu 36 QUESTIONS-RÉPONSES

- **Joueurs :** 3
- **Matériel :** sac ; tableaux et graphiques à télécharger sur **maths-leonie.editions-bordas.fr**
- **Mise en place :** Télécharger et imprimer les tableaux et les graphiques. Les découper et les mettre dans un sac opaque.

**Problèmes avec tableaux et graphiques** Cahier 2 p. 32

1 Le **joueur A** pioche un tableau ou un graphique dans le sac et annonce le sujet traité aux autres joueurs, sans leur montrer.

2 Il pose ensuite le tableau sur la table pour que les autres joueurs puissent le voir.

3 C'est au **joueur B** de jouer : il invente une question en lien avec le tableau.

4 Le **joueur C** doit répondre à la question du **joueur B**.

5 Le **joueur A** vérifie que la question posée par le **joueur B** et la réponse donnée par le **joueur C** sont justes et donne un point par action correcte.

6 Recommencer en faisant tourner les rôles pour que chaque joueur soit arbitre deux fois. Celui qui a le plus de points gagne la partie.

## Jeu 37 BIEN DANS L'AXE !

- **Joueurs :** 2 ■ **Matériel :** axes gradués à télécharger
- **Mise en place :** Télécharger les feuilles avec les axes gradués sur maths-leonie.editions-bordas.fr
Les imprimer et les poser face cachée sur le bureau.

Ordre des nombres sur un axe Cahier 2 p. 37

1. Le **joueur A** tire une feuille proposant deux fois le même axe gradué à compléter. Il coupe la feuille en deux pour donner le deuxième axe au **joueur B**.
2. Les deux joueurs écrivent tous les nombres manquants sur les graduations.

3. Le premier qui a fini arrête la partie. Chaque joueur marque 1 point pour chaque nombre correctement placé.
4. Recommencer en inversant les rôles. Le premier qui a 10 points a gagné.

## Jeu 38 À LA DIZAINE, À LA CENTAINE, AU MILLIER !

- **Joueurs :** 3 ■ **Matériel :** 3 ardoises 

Encadrements de nombres Cahier 2 p. 39

1. Le **joueur A** se place entre le **joueur B** (à gauche) et le **joueur C** (à droite). Il écrit un nombre inférieur à 9 999 sur son ardoise.
2. Il montre ce nombre en disant « À la dizaine ! », « À la centaine ! » ou « Au millier ! ».
3. Le **joueur B** écrit sur son ardoise la dizaine (ou la centaine ou le millier, selon l'annonce du **joueur A**) qui précède ; le **joueur C** écrit sur son ardoise la dizaine, la centaine ou le millier qui suit.

suite

Jeu 38 suite

4 Le **joueur A** vérifie les réponses. Le **joueur B** et le **joueur C** marquent 1 point si leur réponse est bonne. Si l'un des deux s'est trompé, il ne marque pas de point.

5 Faire tourner les rôles pendant trois tours. Celui qui a le plus de points gagne.

## Jeu 39 REPÈRE LES FIGURES !

- **Joueurs :** 3
- **Matériel :** figures à télécharger
- **Mise en place :** Télécharger les figures sur **maths-leonie.editions-bordas.fr**
  Les imprimer, les découper et les mettre sur la table.

Polygones particuliers Cahier 2 p. 40

1 Le **joueur A** est l'arbitre. Il prend une figure et la montre au **joueur B** et au **joueur C** en demandant combien de carrés, de rectangles ou de triangles rectangles il y a dans la figure.

2 Le **joueur B** et le **joueur C** doivent trouver la bonne réponse le plus vite possible.

3 Le **joueur A** vérifie la réponse au dos de la feuille et accorde 1 point au joueur qui a répondu en premier si la réponse annoncée est bonne. En cas de mauvaise réponse, l'autre joueur peut tenter sa chance à son tour.

4 Recommencer avec une autre figure en faisant tourner les rôles. La partie s'arrête quand chaque joueur a été arbitre deux fois. Celui qui a le plus de points a gagné.

## Jeu 40 QUELLE HEURE EST-IL ?

■ **Joueurs :** 3 ■ **Matériel :** horloge à aiguilles

Lecture de l'heure Cahier 2 p. 44

1. Le **joueur A** est l'arbitre. Il prend l'horloge. Il place la petite aiguille sur l'heure de son choix et celle des minutes sur 3, 6, 7, 8, 9, 10 ou 11.
2. Le **joueur B** dit l'heure qu'il est.
3. Le **joueur C** indique l'heure qu'il est d'une autre façon.
4. Le **joueur A** accorde 1 point par bonne réponse.
5. Faire tourner les rôles jusqu'à ce que tout le monde ait été arbitre deux fois. Celui qui a le plus de points remporte la partie.

## Jeu 41 COMBIEN DE TEMPS ?

■ **Joueurs :** 2 ■ **Matériel :** 2 horloges à aiguilles ; 2 ardoises

■ **Mise en place :** Donner une horloge à aiguilles à chaque joueur.

Mesure du temps : durées Cahier 2 p. 47

1. Le **joueur A** indique secrètement une heure sur son horloge (l'aiguille des minutes doit être sur un nombre de 1 à 11) : c'est l'heure de départ.
2. Le **joueur B** indique secrètement une heure sur son horloge (l'aiguille des minutes doit être sur un nombre de 1 à 11) : c'est l'heure d'arrivée.
3. Les deux joueurs retournent leur horloge en même temps. Le premier qui donne la durée entre les deux heures indiquées marque 1 point. Les joueurs peuvent faire leur recherche sur l'ardoise.

4. Recommencer pendant 3 tours. Le joueur qui a le plus de points gagne la partie.

## Jeu 42 À PEU PRÈS COMBIEN ?

■ **Joueurs :** 4 ■ **Matériel :** cartes calculs à télécharger ; 3 ardoises

■ **Mise en place :** Télécharger les cartes calculs sur **maths-leonie.editions-bordas.fr**
Les imprimer, les découper et les mettre en tas sur la table, face visible.

Ordre de grandeur Cahier 2 p. 51

1. Le **joueur A** est l'arbitre. Il pioche une carte et montre le calcul aux autres joueurs.
2. Le **joueur B**, le **joueur C** et le **joueur D** doivent estimer le résultat du calcul en écrivant un ordre de grandeur sur leur ardoise.
3. Quand tous les joueurs ont terminé, ils retournent en même temps leur ardoise pour la montrer au **joueur A**.

4. Le **joueur A** retourne la carte pour montrer le résultat de l'opération et comparer ce résultat aux ordres de grandeur écrits sur les ardoises. Tout ordre de grandeur vraisemblable rapporte 1 point.
5. Recommencer en faisant tourner les rôles pour que chaque joueur soit arbitre une fois. Le joueur qui a le plus de points gagne la partie.

## Jeu 43 BOUCHE-TROU !

■ **Joueurs :** 2 ■ **Matériel :** divisions à trou à télécharger ; ardoise

■ **Mise en place :** Télécharger les divisions sur **maths-leonie.editions-bordas.fr**
Les imprimer, les découper et les mettre sur la table.

Calcul en ligne : multiplication et division | Cahier 2 p. 53

1 Le **joueur A** pioche une division à trou et la montre au **joueur B**.

2 Le **joueur B** doit compléter le nombre manquant. Il peut se servir de la multiplication pour trouver le résultat.

3 Le **joueur A** vérifie la réponse du **joueur B**. Si le nombre est correct, il marque 1 point.

4 Recommencer trois fois en faisant tourner les rôles. Celui qui a le plus de points gagne la partie.

## Jeu 44 ESTIME TON RÉSULTAT

■ **Joueurs :** 2 ■ **Matériel :** cartes 100, 20 et 6 ; dé ; ardoise

■ **Mise en place :** Préparer :
- une pioche ① avec les cartes centaines ;
- une pioche ② avec les cartes dizaines ;
- une pioche ③ avec les cartes unités.

Multiplication posée (2) | Cahier 2 p. 57

1 Le **joueur A** compose un nombre à 3 chiffres en piochant une carte dans chaque tas. Le **joueur B** lance le dé. S'il obtient 1, il relance le dé.

2 Le **joueur A** estime l'ordre de grandeur du produit des 2 nombres obtenus.

3 Le **joueur B** pose et effectue la multiplication sur son ardoise.

→ suite

Jeu 44 suite

4 Si le **joueur A** a bien estimé le résultat, il marque 1 point. Si le calcul du **joueur B** est exact, il marque également 1 point. Faire tourner les rôles. Le premier qui a 4 points gagne.

## Jeu 45 NOM D'UN SOLIDE !

- **Joueurs :** 4
- **Matériel :** lot de solides 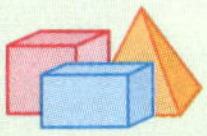 ; cartes solides à télécharger
- **Mise en place :** Télécharger les cartes solides sur maths-leonie.editions-bordas.fr
  Les imprimer, les découper et les mettre en tas sur la table.
  Placer les solides au centre de la table.

Solides Cahier 2 p. 58

1 Le **joueur A** est l'arbitre. Le **joueur B**, le **joueur C** et le **joueur D** piochent une carte solide dans le tas sans la montrer aux autres joueurs.

2 Le **joueur B**, le **joueur C** et le **joueur D** prennent sur la table un solide qui correspond à leur carte et le placent devant eux.

3 Le **joueur A** doit deviner quelle carte les autres joueurs ont pioché en regardant le solide posé devant eux.

4 Chaque joueur qui a pris un solide qui correspond à sa carte marque 1 point. L'arbitre marque 1 point par solide correctement identifié.

5 Recommencer en faisant tourner les rôles pour que chaque joueur soit arbitre une fois. Celui qui a le plus de points gagne la partie.

## Jeu 46 DEVINE COMBIEN

■ **Joueurs :** 4 ■ **Matériel :** lot de solides 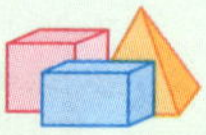 ; cartes à télécharger

■ **Mise en place :** Télécharger les cartes sur **maths-leonie.editions-bordas.fr**
Les imprimer, les découper et les mettre en tas sur la table.
Placer les solides au centre de la table.

Description de solides Cahier 2 p. 60

**1** Le **joueur A** est l'arbitre. Il pioche une carte et annonce le nom du solide qu'il a tiré.

**2** Le **joueur A** demande au **joueur B** combien de sommets, de faces ou d'arêtes il y a sur ce solide. Le **joueur B** doit répondre sans manipuler les solides qui sont posés sur la table.

**3** Le **joueur A** prend le solide correspondant sur la table et vérifie la réponse du **joueur B** en comptant les faces devant les joueurs. Puis il le remet sur la table et pose une deuxième question sur le même solide au **joueur C**, puis au **joueur D**.

**4** Chaque bonne réponse rapporte 1 point.

**5** Recommencer en faisant tourner les rôles pour que chaque joueur soit arbitre une fois. Celui qui a le plus de points gagne la partie.

# Jeu 47 LE REMUE-MÉNINGES

- **Joueurs :** 2
- **Matériel :** sac contenant des énoncés de problèmes à 2 ou 3 étapes mixant les 4 opérations
- **Mise en place :** Télécharger les énoncés sur maths-leonie.editions-bordas.fr
Les imprimer, les découper et les mettre dans un sac opaque.

Problèmes à étapes avec les 4 opérations Cahier 2 p. 62

1 Le **joueur A** prend un énoncé dans le sac, le lit à voix haute et donne la feuille au **joueur B**.

2 Le **joueur B** dit quelle est la première étape et écrit la réponse sous l'énoncé.

**Remarque :** il peut répondre mentalement ou effectuer des recherches sur son cahier de brouillon.

3 Le **joueur A** reprend la feuille, propose une seconde étape et effectue le calcul associé. Puis il redonne la feuille au **joueur B**.

4 S'il y a une troisième étape, le **joueur B** termine de résoudre le problème, sinon il écrit la phrase réponse.

5 Échanger les rôles et recommencer une fois avec un autre problème.

## Jeu 48 RAPIDO-CALCUL

- **Joueurs :** 4 ■ **Matériel :** multiplications à télécharger ; calculatrice ; 3 ardoises
- **Mise en place :** Télécharger les multiplications sur maths-leonie.editions-bordas.fr
  Les imprimer, les découper et les poser face cachée sur la table.

Calcul en ligne : propriétés de la multiplication Cahier 2 p. 67

1. Le **joueur A** est l'arbitre. Il pioche une carte multiplication et la pose sur la table.
2. Les autres joueurs doivent effectuer la multiplication en ligne sur leur ardoise.
3. Le premier qui trouve le résultat dit « Stop ! ».

4. Le **joueur A** vérifie le résultat avec la calculatrice et attribue 1 point si c'est juste. Si la réponse est fausse, la partie reprend et les joueurs continuent de chercher le résultat.
5. Recommencer avec une autre multiplication en faisant tourner les rôles jusqu'à ce que tout le monde ait été arbitre une fois. Le joueur qui a le plus de points gagne la partie.

## Jeu 49 TROUVE L'OPÉRATION

- **Joueurs :** 3
- **Matériel :** sac ; énoncés de problèmes à télécharger ; ardoise
- **Mise en place :** Télécharger les énoncés sur maths-leonie.editions-bordas.fr
  Les imprimer, les découper et les mettre dans un sac opaque.

Problèmes de partage et groupement Cahier 2 p. 71

1. Le **joueur A** est l'arbitre. Il pioche un énoncé et le lit à voix haute.
2. Le **joueur B** indique l'opération à faire avec les nombres de l'énoncé pour résoudre le problème.

suite

Jeu 49 suite

3 Le **joueur C** résout le problème. Il peut faire ses recherches et ses calculs sur son ardoise.

4 Le **joueur B** et le **joueur C** marquent 1 point s'ils répondent correctement.

5 Chaque joueur arbitre une fois. Celui qui a le plus de points a gagné.

## Jeu 50 AVEC OU SANS RESTE ?

- **Joueurs :** 2
- **Matériel :** cartes 20, 6 ; ardoise ; dé
- **Mise en place :** Faire une pioche ① avec les cartes dizaines et une pioche ② avec les cartes unités. Poser le matériel sur la table.

Calcul en ligne : division sans et avec reste Cahier 2 p. 73

1 Le **joueur A** tire une carte dans chaque pioche et lit le nombre obtenu. Puis il lance le dé.

2 Le **joueur B** divise le nombre à 2 chiffres par celui indiqué par le dé. Il écrit le quotient et le reste sur son ardoise.

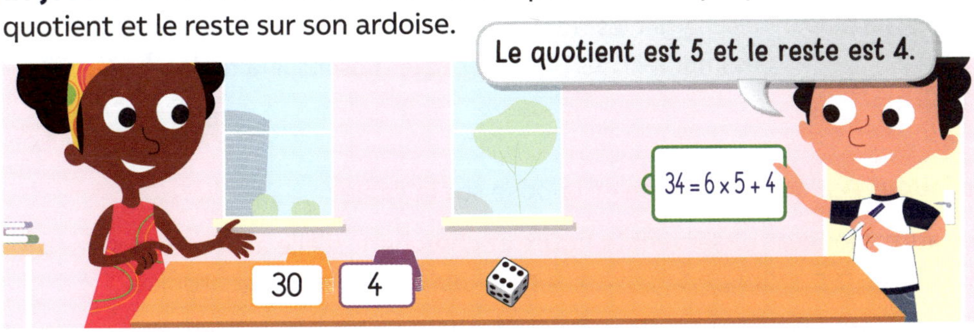


3 Le **joueur A** vérifie la réponse. Si le résultat est correct, le **joueur B** marque 1 point.

4 Inverser les rôles et rejouer trois fois. Celui qui a le plus de points a gagné.

## Jeu 51 À VOS CALENDRIERS !

■ **Joueurs :** 3 ■ **Matériel :** calendrier ; dé ; ardoise

Mesure du temps : calendrier Cahier 2 p. 74

1. Le **joueur A** est l'arbitre. Il choisit une date sur le calendrier.
2. Le **joueur B** lance le dé 3 fois. Le premier tir donne le nombre de mois, le 2e le nombre de semaines et le 3e le nombre de jours. Il note ces nombres sur l'ardoise.
3. Le **joueur C** doit trouver la date finale. Il part de la date indiquée par le **joueur A** et avance de la durée indiquée par les tirs de dé du **joueur B**.

4. Le **joueur A** et le **joueur B** vérifient la réponse du **joueur C**. Si c'est juste, le **joueur C** marque 1 point.
5. Rejouer en faisant tourner les rôles. Chaque joueur doit être arbitre deux fois. Le joueur qui a le plus de points remporte la partie.

## Jeu 52 MIROIR OU PAS ?

■ **Joueurs :** 4 ■ **Matériel :** fiches chiffres et lettres à télécharger ; ardoises

■ **Mise en place :** Télécharger les fiches sur **maths-leonie.editions-bordas.fr**
Les imprimer, les découper et les poser sur la table.

Symétrie Cahier 2 p. 78

1. Le **joueur A** pioche une fiche et la pose sur la table.
2. Les autres joueurs observent la figure et cherchent si elle a un axe de symétrie ou pas. Ils répondent en écrivant « oui » ou « non » sur leur ardoise.
3. Quand tout le monde a fini, les joueurs retournent leur ardoise en même temps et comparent leur réponse. Le **joueur A** vérifie en pliant la feuille de papier le long des pointillés.

→ suite

Jeu 52 suite

4 Les joueurs qui ont trouvé la bonne réponse marquent 1 point.

5 Rejouer pendant trois tours en faisant tourner les rôles avec une nouvelle figure à chaque fois. Le joueur qui a le plus de points remporte la partie.

## Jeu 53 COPIE BIEN

- **Joueurs :** 4
- **Matériel :** figures à télécharger ; feuilles blanches ; instruments de géométrie , ,
- **Mise en place :** Télécharger les fiches sur maths-leonie.editions-bordas.fr
  Les imprimer, les découper et les poser sur la table.

Reproduction de figures avec des instruments Cahier 2 p. 83

1 Le joueur A et le joueur B forment l'**équipe 1** ; le joueur C et le joueur D forment l'**équipe 2**.

2 Chaque équipe pioche une figure et, avec ses instruments de géométrie, chaque joueur reproduit la figure piochée par son équipe.

3 Quand tout le monde a fini, les deux équipes échangent leurs figures et leurs reproductions.

4 Chaque équipe vérifie avec ses instruments que les figures reproduites par l'équipe adverse sont correctes. Une figure juste rapporte 2 points, une figure imprécise rapporte 1 point, et une figure fausse ou mal soignée ne rapporte pas de point.

5 Recommencer avec une 2e figure. L'équipe qui a le plus de points gagne la partie.

# Jeu 54 ET POUR FAIRE 10 000 !

■ **Joueurs** : 3 ■ **Matériel** : 3 ardoises

Le nombre 10 000 Cahier 2 p. 85

**1** Le **joueur A** arbitre la partie. Il propose un nombre compris entre 5 000 et 9 999. Il l'écrit sur son ardoise.

**2** Le **joueur B** et le **joueur C** font des recherches sur l'ardoise pour trouver le nombre qu'il faut ajouter pour arriver à 10 000. Le premier qui trouve la bonne réponse marque 1 point.

**3** Recommencer en inversant les rôles. La partie s'arrête quand chaque joueur a été arbitre deux fois. Celui qui a le plus de points a gagné.

# Jeu 55 CHANGE L'UNITÉ !

■ **Joueurs :** 3 ■ **Matériel :** cartes 1000, 100, 20 et 6 ; 3 ardoises

■ **Mise en place :** Préparer :
- une pioche ① avec les cartes milliers ;
- une pioche ② avec les cartes centaines ;
- une pioche ③ avec les cartes dizaines ;
- une pioche ④ avec les cartes unités.

Contenances Cahier 2 p. 88

**1** Le **joueur A** est l'arbitre. Il compose un nombre à 4 chiffres en piochant une carte dans chaque tas. C'est une contenance exprimée en cL. Il la note sur son ardoise.

**2** Sur leur ardoise, le **joueur B** exprime cette contenance en L, dL et cL et le **joueur C** en L et cL.

**3** Chaque bonne réponse rapporte 1 point.

**4** Rejouer en faisant tourner les rôles pour que chaque joueur soit arbitre trois fois. Celui qui a le plus de points gagne la partie.

## Jeu 56 QUELLES GRANDEURS ?

- **Joueurs :** 3
- **Matériel :** phrases à télécharger ; sac
- **Mise en place :** Télécharger les phrases sur **maths-leonie.editions-bordas.fr**
  Les imprimer, les plier et les mettre dans un sac.

Problèmes sur les grandeurs Cahier 2 p. 91

1. Le **joueur A** est l'arbitre. Il pioche une phrase dans le sac et la montre aux autres joueurs.
2. Le **joueur B** doit dire les grandeurs mentionnées dans la phrase et le **joueur C** les unités qui correspondent à chaque grandeur.

3. Le **joueur A** vérifie les réponses au dos de la feuille et accorde 1 point par réponse correcte.
4. Recommencer en faisant tourner les rôles jusqu'à ce que chaque joueur ait été arbitre trois fois. Celui qui a le plus de points gagne la partie.

**Édition :** Laetitia Pelisse, avec la collaboration de Sophie Lauret et Béatrice Le Brun
**Direction éditoriale :** Emmanuelle Lucazeau
**Direction artistique :** Pierre Taillemite
**Mise en page :** Alexandre Millot
**Illustrations :** Erick Duhamel
**Fabrication :** Françoise Leroy
**Conception maquette :** Anne-Danielle Naname
**Conception de couverture :** Delphine Guéchot
**Mascotte :** Matthieu Roussel
**Relecture pédagogique :** Dominique Reuter
Merci à Aurore Kauffmann et Camille Bouley pour leurs relectures attentives.

MIXTE Papier issu de sources responsables FSC® C022030

Bordas est un éditeur qui s'engage pour la préservation de l'environnement et utilise du papier issu de forêts gérées de manière responsable et d'autres sources contrôlées.

Ce cahier a été imprimé en France en septembre 2020 par l'Imprimerie de Champagne, imprimeur certifié IMPRIM'VERT®
N° de projet : 10250873 / Dépôt légal : septembre 2020